DARDANUS,
TRAGÉDIE,

Représentée devant SA MAJESTÉ, à Fontainebleau, le 9 Novembre 1769.

DE L'IMPRIMERIE

De PIERRE-ROBERT-CHRISTOPHE BALLARD, seul Imprimeur pour la Musique de la Chambre & Menus-Plaisirs du Roi, & seul Imprimeur de la grande Chapelle de Sa Majesté.

M. DCC. LXIX.

Par exprès Commandement de Sa Majesté.

Le Poeme est de LA BRUERE.

La Musique est de RAMEAU.

Les Ballèts sont de la Compôsition de M. de LAVAL, Compôsiteur des Ballèts de Sa Majesté.

*Dardanus, Iliacæ primus Pater Urbis & Auctor,
Electrâ ut Graii perhibent, Atlantide cretus,
Advehitr Teucros.*
                                   Æneïd. lib. VIII.

DARDANUS, fils de Jupiter & d'Électre, vint s'établir en Phrigie, & y bâtit la ville de Troie, de concert avec Teucer, dont il épousa la fille.

ACTEURS DES CHŒURS.

LES DEMOISELLES.

Canavas.
Dubois. C.
Bertin.
Desjardins.
Meziere.
Favier.

D'Egremont.
Aubert.
Duchâteau.
Dumas.
Camus.
Le Monier.
Bouillon.

LES SIEURS.

Ducroc.
Joguet.
Guerin.
L'Evesque.
Bosquillon.
Abraham.
Cochois.
Roisin.
Cachelievre.
Cuvillier.

Le Begue.
Bazire. L.
Besche 3ᵉ.
Camus. L.
Bazire C.
Charles.
Joli.
Marcou.
Cousi.
Puceneau.

PERSONNAGES DANSANTS

ACTE PREMIER.

GUERRIERS.

Le Sr. DAUBERVAL.

Les Srs. Hiacinte, Lelievre, Granier, Rogier, du Bois, Gardel, c.

PHRIGIENNES.

La Dlle. ASSELIN.

Les Dlles. Gaudot, Grandi, de Miré, l'Escot, Testard, Blondeval.

PERSONNAGES DANSANTS.

ACTE SECOND.

MAGICIENS.

Le Sr. RIVIERE.

Les Srs. Leger, Rogier, Granier, des Preaux, Trupti, Lani, c. Doſſion, Giguet.

ACTE TROISIEME.

PHRIGIENS & PHRIGIENNES.

Le Sr. GARDEL.

La Dlle. ALLARD.

Le Sr. Leger.

Les Dlles. du PEREI, d'ERVIEUX.

Les Srs. Rogier, Lelievre Hiacinte, des Preaux, Trupti, Lani, c.

Les Dlles. Gaudot, Grandi, de Miré, Lescot, Teſtard, Blondeval.

PERSONNAGES DANSANTS.

ACTE QUATRIEME.

Esprits Aériens.

Le Sr. Vestris.   La Dlle. Guimard.

Les Srs. Rogier, du Bois, Granier, Doſſion, Gardel, c., Giguet.

Les Dlles. la Fond, d'Ervieux, le Clerc, le Roi, la Chaſſaigne, Adeline.

PERSONNAGES DANSANTS.

ACTE CINQUIEME.

Jeux & Plaisirs.

Le Sr. Vestris.

Les Srs. Leger, des Preaux.

Les Dlles. d'Ervieux, la Fond.

Phrigiens & Phrigiennes.

Les Srs. Hiacinte, Lelievre, Rogier, Granier, Doffion, Giguet.

Les Dlles. Gaudot, Grandi, le Clerc, Adeline, Gillfenan, la Chaffaigne.

ACTEURS CHANTANTS.

IPHISE, *fille de* TEUCER, La Dlle. Arnould.

DARDANUS, *fils de Jupiter & d'Électre,* Le Sr. le Gros.

ANTÉNOR, *Prince voisin de* TEUCER, Le Sr. Gélin.

TEUCER, *Roi de Phrigie,* Le Sr. l'Arrivée.

ISMÉNOR, *Magicien, & Prêtre de Jupiter,* Le Sr. l'Arrivée.

ARCAS ; Le Sr. Vendeuil.

UNE PHRIGIENNE, La Dlle. l'Arrivée.

VÉNUS, La Dlle. l'Arrivée.

L'AMOUR ; La Dlle. Morizet.

UN GARDE ; Le Sr. Cuvillier.

La Scêne est en Phrigie.

DARDANUS.

DARDANUS,
TRAGÉDIE.

ACTE PREMIER.

Le Théâtre représente un lieu rempli de mausolées, élevés à la gloire des plus fameux guerriers qui ont péri dans la guerre que les PHRIGIENS font à DARDANUS.

SCÈNE PREMIERE.

IPHISE, *seule*.

CEsse, cruël Amour, de regner sur mon âme,
Ou choisis d'autres traits pour te rendre vainqueur.

A

DARDANUS;

Où m'entraîne une aveugle ardeur ?
Un ennemi fatal est l'objet de ma flâme;
Dardanus a soûmis mon cœur !

Cèsse, cruël Amour, &c.

Mânes infortunés ! que sur la sombre rive
Précipita son bras victorïeux,
Rappellés dans mon cœur la raison fugitive :
Du fond de ces tombeaux, que votre voix plaintive
S'éleve, & condamne mes feux !

Hélas ! votre ennemi remporte la victoire :
Vous irrités ma flâme, & n'offrés à mes yeux
Que le spectacle de sa gloire.

SCÈNE SECONDE.

IPHISE, TEUCER, Guerriers de sa Suite.

TEUCER.

MA fille, enfin le Ciel seconde mon couroux :
Anténor, en ce jour, vient servir ma vengeance ;
C'en est fait, Dardanus va tomber sous nos coups.

L'éclat de nos exploits rejaillira sur vous.
Mon vaillant défenseur ne veut, pour récompense,
Que le titre de votre époux.

IPHISE, *à part.*
Je frémis !
TEUCER.
Le Prince s'avance.

SCÈNE TROISIEME.

IPHISE, TEUCER, ANTÉNOR, ARCAS, Peuples & Guerriers.

ANTÉNOR.

Princesse, après l'espoir dont j'ôse me flater,
Je réponds des exploits que je vais entreprendre :
Je combattrai pour vous défendre
Et pour vous mériter.

IPHISE.

D'un héros, tel que vous, nous devons tout attendre :
Mais... Dardanus est fils du Souverain des Cieux ;
Ce dieu semble veiller au succès de ses armes.

ANTÉNOR.

S'il est protégé par les dieux,
Je suis animé par vos charmes.

TRAGÉDIE.

Teucer, à Anténor.

Par des nœuds solemnels,
Rendons notre union plus sainte & plus certaine.
Pour recevoir nos serments mutuëls,
Que ces tombeaux servent d'autels :
Ils sont plus sacrés pour ma haîne,
Que les temples des Immortels.

Teucer & Anténor.

Mânes plaintifs ! tristes victimes !
Nous jurons d'immoler votre fatal vainqueur.
Dieux ! qui nous écoutés, qui punissés les crimes,
C'est vous qu'atteste ici notre juste fureur.

Grands Dieux ! de mille maux accâblés le coupable
Qui trahira ses serments ;
Et dans son cœur, pour comble de tourments,
Faites tonner la voix impitoyable
Des remords dévorants.

Par des jeux éclatants, confacrés la mémoire
Du jour qui voit former ces nœuds :
Peuples, chantés le jour heureux
Qui va réparer votre gloire.

Le Chœur.

Par des jeux éclatants, confacrons la mémoire
Du jour qui voit former ces nœuds :
Chantons le jour heureux
Qui va réparer notre gloire.
(On danfe.)

une Phrigienne, à Antenor.

Allés, jeune guerrier, courés à la victoire ;
Le prix le plus charmant vous attend au retour.
Que votre fort eft doux ! vous volés à la gloire,
Sur les ailes du tendre Amour.

(On danfe.)

TRAGÉDIE.

Teucer, Anténor, Arcas & une Phrigienne.

Il est tems de courir aux armes;
Hâtés-vous, généreux guerriers:
Allés, au milieu des allarmes,
Cueillir les plus brillants lauriers.

Le Chœur.

Allons, au milieu des allarmes,
Cueillir les plus brillants lauriers:
Il est tems de courir aux armes.

SCÈNE QUATRIEME.

IPHISE, *seule*.

JE cede au trouble affreux qui devore mon cœur.
De mes sens égarés puis-je guérir l'erreur ?
Consultons Isménor : ce mortel respectable
Perce de l'avenir les nüages épais.
Heureuse ! s'il pouvoit, par son art secourable,
Rappeller dans mon cœur l'innocence & la paix.

Fin du premier Acte.

ACTE SECOND.

Le Théâtre repréſente une Solitude, environnée de rochers & de torrents.

SCÊNE PREMIERE.

ISMÉNOR, *ſeul.*

TOUT l'avenir eſt préſent à mes yeux.
Une ſuprême intelligence
Me ſoûmet les Enfers, & la Terre, & les Cieux :
L'Univers étonné, ſe taît en ma préſence :
Mon art m'égale aux dieux.
Cet art miſterïeux
Eſt un rayon de leur toute puiſſance.
On vient... c'eſt Dardanus.

SCÈNE SECONDE.
ISMÉNOR, DARDANUS.

ISMÉNOR.

Est-ce vous que je vois !
Dans ces lieux ennemis quel dessein vous amene ?
Du barbare Teucer tout suit ici les loix ;
Fuyés. Pourquoi chercher une perte certaine ?

DARDANUS.

Non, vos conseils sont vains :
Un intérêt trop cher auprès de vous m'entraîne.
Mon repos, mon bonheur, ma vie est dans vos mains.

ISMÉNOR.

Vous trouverés en moi l'ami le plus fidele,

TRAGÉDIE.

Dans les horreurs d'une guerre cruëlle,
Vous avés respecté ce tranquille séjour ;
Asile heureux ! qu'a consacré mon zele
Au Dieu puissant, dont vous tenés le jour.

A remplir vos vœux tout m'engage ;
Le sang dont vous sortés, l'éclat de vos travaux.
C'est au Dieu que je sers offrir un double hommage
Que secourir son fils, & servir un héros.

DARDANUS.
Un malheureux amour me trouble & me dévore :
La fille de Teucer est l'objet que j'adore.

ISMÉNOR.
O Ciel ! dans quelle chaîne êtes-vous arrêté ?

DARDANUS.
Vous la vîtes soûmise au pouvoir de mes armes ;
Je lui rendis la liberté :
Je me fis un devoir de calmer ses allarmes ;
Je cachai les transports dont j'étois agité.

D'un amant emprèssé lui parler le langage,
C'étoit me prévaloir du titre de vainqueur ;
Et je ne veux, pour obtenir son cœur,
Employer d'autre avantage
Que l'excès de mon ardeur.

ISMÉNOR.
Iphise doit venir dans ce séjour sauvage.

DARDANUS.
Je l'ai su ; j'ai volé, j'ai devancé ses pas.
Souffrés-moi dans ces lieux ; j'y verrai ses appas.

C'est un charme suprême,
Qui suspendra mon tourment.
Eh ! quel bien vaut, pour un amant,
Le plaisir de voir ce qu'il aime ?

ISMÉNOR.
Prince, étouffés plûtôt d'inutiles désirs.
Quand Iphise à vos feux pourroit être sensible,
Vous connoissés Teucer & sa haîne inflexible ;
Croyés-vous qu'il voulût couronner vos soûpirs.

DARDANUS.

Si je croyois qu'Iphise approuvât ma tendresse,
Abandonnant mes droits, tout vainqueur que je suis,
De Teucer aisément j'obtiendrois ma princesse ;
Et l'himen, couronnant le beau feu qui me prèsse,
Deviendroit de la paix & le gage & le prix.

ISMÉNOR.

C'en est fait, l'amitié m'entraîne ;
Je cede à vos vœux emprèssés :
Mais de vos ennemis il faut tromper la haîne.
Entendés ma voix souveraine,
Ministres de mon art, hâtés-vous, paroîssés.

SCÊNE TROISIEME.
ISMÉNOR, DARDANUS,
Chœur de Magiciens.

ISMÉNOR.

Hâtés-vous ; commençons nos terribles misteres ;
Et que nos magiques concerts,
Du sein de ces lieux solitaires,
Retentissent jusqu'aux Enfers.

LE CHŒUR.

Hâtons-nous ; commençons, &c.

(On danse.)

ISMÉNOR.

Suspends ta brillante carrière,
Soleil ! cache à nos yeux tes feux étincelants ;

Qu'à l'Univers, troublé par nos enchantements,
L'Astre seul de la nuit dispense la lumière.

(*Les Magiciens continuent, en dansant, leurs cérémonies Magiques : le théâtre s'obscurcit. Après la danse, ISMÉNOR donne à DARDANUS sa baguette de Magicien.*)

Prenés ce don misterïeux :
Vous allés, sous mes traits, abuser tous les yeux.
Mais le destin a borné ma puissance :
Si vous l'ôsés quitter, n'espérés plus en moi :
Le charme cèsse, & le péril commence :
Telle est du sort l'irrévocable loi.

LE CHŒUR.

Obéis aux loix des Enfers,
Ou ta perte est certaine :

Songe que sous les fleurs, où le plaisir t'entraîne,
Des gouffres profonds sont ouverts.

ISMÉNOR.

Quelqu'un vient. Il est tems qu'en ces lieux je vous laisse.
Surtout contraignés-vous en voyant la princesse.

SCÊNE QUATRIEME.

ANTÉNOR, DARDANUS,
*sous les traits d'*ISMÉNOR.

ANTÉNOR.

JE viens vous confier le trouble de mon cœur.
Peut-être je devrois rougir de ma foiblesse :
Mais je suis entrainé par un charme vainqueur.
J'aime Iphise : à mes feux son pere est favorable ;
Bientôt je serai son époux.

DARDANUS, *sous les traits d'*ISMÉNOR.
(*à* ANTÉNOR)   (*à part.*)
L'himen doit vous unir !... O sort impitoyable !

ANTÉNOR.
Pour obtenir du Roi l'aveu d'un bien si doux,
Je viens de m'engager à servir son couroux

B

Contre l'ennemi qui l'accâble,
J'espere voir bientôt ce guerrier redoutable
Périr, & tomber sous mes coups.

DARDANUS, *sous les traits d'*ISMÉNOR.

(*à part.*)
J'ai peine à retenir les transports qu'il m'inspire.

(*à* ANTÉNOR, *d'un air animé.*)

Le sort que je puis vous prédire...

ANTÉNOR.

Je ne veux point prévoir le succès qui m'attend ;
Ce n'est pas ce desir qui près de vous me guide :
Un esprit curieux marque une âme timide ;
Et j'apprendrai mon sort en combattant.

Si je suis allarmé, ce n'est que pour ma flâme.
La princesse a paru peu sensible à mes feux ;

Par votre art aisément vous lirés dans son âme :
Serois-je traversé par un rival heureux ?

DARDANUS, *sous les traits d'ISMÉNOR.*

Elle aime !.. à qui son cœur cede-t-il la victoire ?
Sur quoi fondés-vous ces soupçons ?
ANTÉNOR.
Je le crains assés pour le croire :
L'amour, pour s'allarmer, manque-t-il de raisons ?

DARDANUS, *sous les traits d'ISMÉNOR.*

Je veux observer tout avec un soin extrême.
Si vos feux sont troublés par un heureux rival,
Croyés qu'à pénétrer ce mistere fatal
Je prends un intérêt aussi grand que vous-même.
ANTÉNOR.
Iphise vient ; je fuis : j'ai pris soin de cacher
Qu'en ces lieux écartés je venois vous chercher.

B ij

SCÈNE CINQUIEME.

IPHISE, DARDANUS,
*sous les traits d'*Isménor.

DARDANUS, *sous les traits d'*Isménor.

(*à part.*)

JE la vois : quels transports ont pâssé
dans mon âme !
Contraignons, s'il se peut, mes regards
amoureux :
Malgré l'enchantement qui me cache à ses
yeux,
Ils trahiroient le secret de ma flâme !

(*à* IPHISE.)

Princesse, quel dessein vous conduit dans
ces lieux ?

IPHISE.

Hélas !

DARDANUS, *sous les traits d'*ISMÉNOR.

Vous soûpirés ?

TRAGÉDIE.

IPHISE.

Que viens-je vous apprendre ?
Ah, si je vous ouvre mon cœur,
Vous me verrés avec horreur ;
Et vous frémirés de m'entendre !

DARDANUS, *sous les traits d'ISMÉNOR.*

Où tend de ce discours le sens misterïeux ?

IPHISE.

Il faut donc révéler ce secret odïeux !

Par l'effort de votre art terrible,
Vous ouvrés les tombeaux, vous armés les Enfers ;
Vous pouvés, d'un seul mot, ébranler l'Univers :
A cet art, si puissant, n'est-il rien d'impossible ?
Et... s'il étoit un cœur... trop foible... trop sensible...
Dans de funestes nœuds... malgré lui, retenu
Pourriés-vous ?

DARDANUS, *sous les traits d'*ISMÉNOR.

Vous aimés ? O Ciel ! qu'ai-je entendu ?

IPHISE.

Si vous êtes surpris, en apprenant ma flâme,
De quelle horreur serés-vous prévenu,
Quand vous saurés l'objet qui règne sur
mon âme !

DARDANUS, *sous les traits d'*ISMÉNOR.
(*à part.*)   (*à* IPHISE.)
Je tremble !... je frémis !... Quel est votre
vainqueur ?

IPHISE.

Le croirés-vous ?.. Ce guerrier redoutable,
Ce héros, qu'à-jamais la haîne impitoyable
Devoit éloigner de mon cœur...

DARDANUS, *sous les traits d'*ISMÉNOR.

Achevés.. Dardanus ?...

IPHISE.

Lui-même.

D'un penchant si fatal rien n'a pu me guérir.
Jugés à quel excès je l'aime,
En voyant à quel point je devrois le haïr.

Arrachés de mon cœur un trait qui le déchire:
Je sens que ma foiblesse augmente chaque jour.
De ma foible raison rétablissés l'empire ;
Et rendés-lui ses droits, usurpés par l'Amour.

DARDANUS, *sous les traits d'*ISMÉNOR.

Dieux ! qu'exigés-vous de mon zele ?
Ah ! si de votre cœur je pouvois dispôser,
J'atteste de l'Amour la puissance immortelle,
Je voudrois resserrer une chaîne si belle,
Loin de songer à la brîser.

IPHISE.

O Ciel !

DARDANUS, *sous les traits d'*ISMÉNOR.

Quand l'Amour parle, écoutés-vous encore
D'un aveugle couroux le cruël mouvement ?
En faveur de l'Amour, faites grâce à l'amant.
Vous voulés le haïr ; ingrate ! il vous adore.

D iv

IPHISE.

Qu'entends-je?

DARDANUS, *sous les traits d'*ISMÉNOR.

Oui, vous regnés sur son cœur.
Que ne puis-je exprimer tout l'amour qui l'anime !
Loin de vous reprocher l'excès de votre ardeur,
D'aimer si foiblement vous vous feriés un crime.

IPHISE.

Quels funestes conseils ôsés-vous m'adresser !
Voulés-vous, ministre infidele,
Envenimer le trait que je veux repousser ?
Fuyons.

DARDANUS, *sous les traits d'*ISMÉNOR.

Où courés-vous, crüelle ?
Ah ! connoissés du-moins celui que vous fuyés.
Arrêtés ; voyés à vos piés...

(*Il jette la baguette enchantée, & reparoît sous ses traits.*)

IPHISE.
Que vois-je ?.. Dardanus !
DARDANUS.
Vous fuyés, inhumaine !
Et la voix d'un amant ne peut vous arrêter !
IPHISE.
C'est un crime pour moi que de vous écouter.
DARDANUS.
Quel mélange fatal de tendresse & de haîne !
IPHISE.
Quelle haîne, grands Dieux !
DARDANUS.
Vous voulés me quitter !
Croirai-je que l'Amour ait pu toucher votre âme ?
IPHISE.
Vous triomphés envain d'avoir connu ma flâme :
C'est un motif de plus pour la domter.
DARDANUS.
Arrêtés !...

SCÈNE SIXIEME.

Dardanus, *seul*.

Elle fuit : mais j'ai vu sa tendresse ;
Mon sort a trop d'appas !

Quittons ces lieux, l'Amour n'y retient
plus mes pas ;
Et le péril renaît, lorsque le charme cèsse.
Mais, dussé-je périr, j'ai connu sa tendresse ;
Mon sort a trop d'appas !

Fin du second Acte.

ACTE TROISIEME.

Le Théâtre représente une partie antérieure du Palais de TEUCER.

SCÊNE PREMIERE.

ANTÉNOR, ARCAS.

(ARCAS *n'entre que sur la fin du morceau d'*ANTÉNOR.)

ANTÉNOR.

AMOUR! cruël auteur du feu qui me dévore,
Quels traits envenimés lances-tu dans mon cœur?

Dardanus est captif ; mais au sein du malheur,
De ma flâme il triomphe encore !
Iphise, qui l'adore,
N'a pu cacher ses feux, trahis par sa douleur ;
Et j'ai surpris ce secret, que j'abhorre.

Amour ! cruël auteur du feu qui me dévore,
Quels traits envenimés lances-tu dans mon cœur ?

ARCAS.

Le Roi refuse en vain d'ordonner son suplice ;
Vous serés délivré d'un rival odïeux :
Animés par mes soins, mille séditieux
Viendront demander qu'il périsse.

Mais déjà leurs clameurs font retentir les airs.

SCÈNE SECONDE.

ANTÉNOR, ARCAS,

Chœur de Peuples & de Guerriers.

(Une troupe de séditieux accourt en tumulte aux portes du palais : ANTÉNOR & ARCAS restent pour observer quel sera le succès de la sédition.)

LE CHŒUR.

Dardanus gémit dans nos fers ;
Qu'il périsse, qu'on l'immole !
Que la vengeance nous console
Des maux que nous avons soufferts !

SCÈNE TROISIEME.

TEUCER, *sortant vivement de son Palais,*
ANTÉNOR, ARCAS,
Chœur de Peuples & de Guerriers.

Teucer.

Où courés-vous ? arrêtés, téméraires !

Le Chœur.

Livrés-nous Dardanus ; vous devés nous venger :
Dans les flots de son sang laissés-nous nous plonger.

Teucer.

Si c'est un bien si doux pour vos cœurs sanguinaires,
Que ne l'immoliés-vous au milieu des combats ?

TRAGÉDIE.

Quand la gloire servoit de voile à la vengeance,
Lâches! pourquoi n'ôsiés-vous pas
Soûtenir sa présence?
Vos cœurs, dans la haîne affermis,
Trouvoient-ils ces transports alors moins légitimes?
Ne savés-vous qu'égorger des victimes?
Et n'ôsés-vous frapper vos ennemis?

(*après un moment de silence.*)

Rougissés d'un transport barbare;
Allés : & quand pour vous le destin se déclare,
Par des sentimens généreux
Mérités les bienfaits des dieux.

(*Les mutins se retirent, &* TEUCER *rentre dans le palais.*)

SCÈNE QUATRIEME.
ANTÉNOR, ARCAS.

ANTÉNOR.

AH! c'en est trop ; le transport qui m'anime
Ne se peut plus renfermer dans mon cœur.
Immolons mon rival ! Arcas, sers ma fureur.

ARCAS.
Sa garde m'obéit, parlés ; votre victime,
Dès cette nuit, expire sous mes coups.
Vous ne répondés rien ! eh quoi, balancés-vous ?

ANTÉNOR.
Qui, moi ? l'assassiner !.. moi ? souiller ma victoire !
Arcas ôseroit-il le croire ?
De Dardanus je veux la mort ;
Mais mon cœur se doit à la gloire,
Et ne peut s'avilir par un lâche transport.

ARCAS.

TRAGEDIE.

ARCAS.
Renoncés-donc à la vengeance,
Et même d'un rival embrassés la défense.

ANTÉNOR.
En vain à mon couroux on veut le dérober ;
Sous le glaîve des loix tu le verras tomber.
Le Roi doit à mon bras la victoire & son trône ;
Ses serments m'ont acquis des droits sur sa couronne :
S'il trahit la justice & l'espoir du vainqueur,
Il verra ce que peut un amant en fureur.

ARCAS, *à part.*
Ah ! suivons, malgré lui, le zele qui m'inspire.
(*On entend le prélude d'une fête.*)

ANTÉNOR.
Par des jeux solemnels on vient dans ce palais
Célébrer ce grand jour, qui sauve cet empire.
Viens ; je veux avec toi concerter mes projets.

C

SCÈNE CINQUIEME.

PHRIGIENS & PHRIGIENNES.

(*Le palais s'ouvre, plusieurs cadrilles de Peuples en sortent, en dansant, & viennent exprimer la joie qu'ils ont de la captivité de* DARDANUS.)

LE CHŒUR.

Que l'on chante, que l'on s'empresse ;
Quel triomphe ! quel jour heureux !
Qu'avec la Paix, l'Amour renaîsse !
Que tous les deux fassent sans-cèsse
Regner les plaisirs & les jeux.

(*On danse.*)

UNE PHRIGIENNE.

De mirthes couronnés vos têtes,
Les Amours remplissent ces lieux ;
Le doux plaisir, qui regne dans nos fêtes,
Aide au triomphe de ces dieux.

(*On danse.*)

TRAGÉDIE.

LA PHRIGIENNE.

Volés, Plaisirs, volés !
Amour, prête-leur tes charmes ;
Répare les allarmes
Qui nous ont troublés.
Que ton empire est doux !
Viens, viens : nous voulons tous
Sentir tes coups ;
Enchaîne-nous :
Mais
Ne lance plus que ces traits
Qui rendent contents
Les amants.

(*On danse.*)

LE CHŒUR.

Chantons tous,
Un sort plus doux
Tarit nos larmes ;
O l'heureux jour !
La Paix revient dans cette cour.
Son retour
A fait cesser le bruit des armes :

Bellonne fuit;
Un beau jour luit:
Jeux séduisants,
Plaisirs charmants,
Venés remplir tous nos moments.

Fin du troisieme Acte.

ACTE QUATRIEME.

Le Théâtre repréſente une priſon où Dardanus eſt enfermé.

SCÊNE PREMIERE.

Dardanus, *ſeul.*

Lieux funeſtes, où tout reſpire
La honte & la douleur ;
Du déſeſpoir ſombre & cruël empire,
L'horreur que votre aſpect inſpire
Eſt le moindre des maux qui déchirent mon
 cœur.

L'objet de tant d'amour, la beauté qui
 m'engage,

C ij

DARDANUS,

Le sceptre, que je perds, ce prix de mes travaux,
Tout va de mon rival devenir le partage ;
Tandis que, dans les fers, je n'ai que mon courage,
Qui suffit à peine à mes maux.

Lieux funestes, &c.

(ISMÉNOR descend dans un char brillant.)

Quels sons mélodieux !... quelle clarté nouvelle !
O Ciel ! c'est Isménor.

SCÈNE SECONDE.

DARDANUS, ISMÉNOR.

Esprits *de la suite d'*Isménor.

DARDANUS.

Ami, tendre & fidele !
Vous n'oubliés donc pas un prince malheureux ?

ISMÉNOR.

Que ne puis-je adoucir vos destins rigoureux !
Mais vous avés vous-même enchaîné ma puissance.
Vos malheurs cependant ne sont pas sans retour.
Le dieu qui fait aimer a causé votre offence ;
Des destins irrités qu'il calme la vengeance.

J'aurois déjà pour vous réclamé sa clémence ;
Mais la voix d'un amant fléchira mieux l'Amour.

C iv

Triſtes lieux, dépouillés votre horreur té-
nébreuſe !
Eſprits, qui me ſervés, volés du haut des
airs !
Parés de mille attraits cette demeure af-
freuſe ;
Pour implorer l'Amour, formés de doux
concerts.

(Le théâtre s'éclaire : les eſprits, ſoûmis à
Isménor, volent à ſa voix & forment un
divertiſſement ; les murs de la priſon ſont
cachés par des nuages brillants.)

Isménor, Dardanus,
& le Chœur des Esprits.

Vole, Amour ! à nos voix hâte-toi de
deſcendre ;
Viens écouter nos vœux, vole dans ce
ſéjour.
Le ſort a triomphé de l'amant le plus tendre ;
Triomphe du ſort, à ton tour.
(On danſe.)

SCÈNE TROISIEME.

DARDANUS, ISMÉNOR, L'AMOUR,

Esprits de la suite d'Isménor.

(On entend une simphonie douce & tendre sur laquelle l'Amour descend des Cieux.)

L'Amour.

L'Amour reçoit un hommage si tendre :
A des sons si flateurs, à ces concerts charmants
Reconnoissés ce dieu, qui veut vous faire entendre
Qu'il est sensible à vos tourments :
Le plus fidele des amants
A la voix de l'Amour ne doit pas se méprendre.

Dardanus.

Ses accents de mes maux suspendent la rigueur ;

DARDANUS,

Ils enchantent mes sens, ils enlevent mon
âme ;
Et l'espoir, comme un trait de flâme,
Penetre, avec eux, dans mon cœur.

L'Amour.

Les dieux vont retirer le bras qui vous op-
prime ;
Mais en brîsant vos fers, de la rigueur du
sort
Votre libérateur deviendra la victime,
Et votre vie est l'arrêt de sa mort

(L'Amour *remonte au Cieux.*)

Dardanus, *à l'*Amour.

Je ne souffrirai point qu'un innocent périsse ;
Non, je n'accepte pas ce secours odieux ;
Et je serai plus juste que les dieux.

Isménor.
Soit que le Ciel récompense, ou punisse,
C'est aux mortels d'adorer ses decrèts.
Gardons-nous d'élever des regards indiscrèts
Jusqu'au trône de sa justice.

TRAGÉDIE.

Soit que le Ciel récompense, ou punisse,
C'est aux mortels d'adorer ses decrèts.

Il faut que je vous quitte, un nouveau soin m'appelle.
Espérés ; votre sort va prendre un autre cours.

(*Le théâtre reparoît dans son premier état.*)

SCÊNE QUATRIEME.

DARDANUS, *seul.*

Puis-je à ce prix affreux vouloir sauver
    mes jours ?
Le Ciel semble insulter à ma douleur mor-
    telle.

O toi ! qui que tu sois, dont le cœur
    généreux
  Est trop sensible à mon sort déplorable,
Gardes-toi d'approcher de ces funestes lieux ;
    Fuis, abandonne un malheureux
    Aux traits du destin, qui l'accâble.

Quelqu'un porte ses pas dans ces lieux pleins
    d'horreur.
Dieux, fermés-en l'entrée à mon liberateur !

SCÊNE CINQUIEME.

IPHISE, DARDANUS,
Un Garde, *qui porte une épée.*

IPHISE.

Je viens brîser votre chaîne cruëlle.
Cette nuit même, Arcas doit vous donner la mort:
J'ai fu la trahifon, je préviens fon effort,
Partés; fuivés les pas de ce guide fidele.

DARDANUS.

Ah! vous-même fuyés de ce féjour affreux;
Fuyés! un dieu vengeur habite dans ces lieux.

IPHISE.

Que dites-vous? & quel trouble m'accâble!

DARDANUS.

Un oracle.... un arrêt du ciel impitoyable,
M'ôte tout efpoir de fecours.

IPHISE.

Achevés.

DARDANUS:

J'en frémis !... le sort inexorable
Ne veut finir mes maux, qu'aux dépens de
vos jours !

IPHISE.

Eh bien, avec transport je vous les sacrifie
Ces jours, proscrits par la rigueur du sort.

DARDANUS.

Est-ce donc me rendre la vie,
Que me frapper d'un trait plus cruël que la
mort ?

IPHISE.

Ah, s'il vous semble affreux de perdre ce
qu'on aime,
Voulés-vous donc, cruël ! m'expôser à des
coups
Que vous redouté pour vous-même ?
Me croyés-vous plus forte, ou moins tendre
que vous ?

DARDANUS.

Vous déchirés mon cœur par cet amour extrême !

IPHISE.

Si vous mourés, en périrai-je moins ?
Au nom de cet amour, si tendre, si funeste,
Laissés-moi, pour prix de mes soins,
L'espoir de vous sauver ; c'est le seul qui me reste !

DARDANUS.

Non, c'en est trop ; il faut vous sauver, malgré vous ;
Et des dieux, sur moi seul, épuiser le couroux.
Donne ce fer !

(*Il veut arracher l'épée des mains du* GARDE, *& s'en frapper.*)

IPHISE, *lui retenant le bras.*

O Ciel !..

(*On entend un bruit de guerre.*)

Quel bruit !.. j'entends des armes !

DARDANUS.

L'air retentit au loin des cris des combattants.

IPHISE.

J'écoute en frémissant ; tout accroît mes allarmes :
Ah, cédés à mes pleurs ! profités des instants !...
Votre rival paroît... hélas ! il n'est plus tems.

TRAGÉDIE.

SCÈNE SIXIEME.

IPHISE, DARDANUS, ANTÉNOR, *bleſſé, & ſuivi de quelques ſoldats;* LE GARDE.

ANTÉNOR.

TEs ſoldats dans nos murs ramenent le carnage...

DARDANUS.

Que ne puis-je moi-même animer leur courage.

ANTÉNOR.

Sur un complot affreux mes yeux ſe ſont ouverts;
Et, pour t'en garentir, je viens rompre tes fers.
D'un barbare ennemi, vole, préviens la rage:
Pour t'immoler il t'attend au pâſſage;
Suis mes pas, je te veux ſauver de ſes fureurs...
Mais mon eſpoir eſt vain... je m'affoiblis... je meurs.

(*On emporte* ANTÉNOR.)

D

DARDANUS, *prenant l'épée des mains du* GARDE.

Ce ne font plus vos jours que l'oracle menace :
Mon fort ne dépend plus que de ma feule audace.

IPHISE.

Ah, quel effroi nouveau pour mes fens éperdus !
Quel péril !

DARDANUS.

Revenés de ces frayeurs extrêmes :
Leurs complots odieux vont tomber fur eux-mêmes.
Des traîtres, qu'on prévient, font à-demi vaincus. (*Il fort.*)

IPHISE.

Arrêtés !... mais il fuit ; il ne m'écoute plus.
Ciel ! quel fera fon fort ? je friffonne ! je tremble !...
Je prévois & je fens tous les malheurs enfemble.

FIN DU QUATRIEME ACTE.

(*On entend pendant l'Entre-acte, le bruit d'un combat.*)

ACTE CINQUIEME.

Le Théâtre représente une partie antérieure du Palais de TEUCER.

SCÊNE PREMIERE.

IPHISE, *seule*.

CIEL! quelle horreur règne de toutes parts!
La victoire & la mort renverse nos remparts.

Dieux, que pour Dardanus imploroient mes allarmes,
Vous n'avés donc changé que l'objet de mes larmes!

D ij

Peut-être en ce moment, sous le fer inhumain,
Mon pere... j'en frémis!... je connois son courage;
Sans-doute il voit finir son malheureux destin.
Ciel, daigne détourner cet horrible présage!

SCÈNE SECONDE.

DARDANUS, IPHISE.

DARDANUS.

BELLE princesse, enfin, pour arriver à vous,
La victoire m'ouvre un passage.

IPHISE.

Ah ! c'en est fait !.. mon pere expire sous vos coups.

DARDANUS.

Nos traits l'ont respecté dans l'horreur du carnage ;
Et ce sang précieux ne souille point l'hommage
Que vient vous offrir mon amour.

IPHISE.

Arrêtés, connoissés tout mon cœur en ce jour.

Quand j'ai voulu brifer votre chaîne cruëlle,
J'ai cru pouvoir, fans être criminelle,
D'un amour, fans efpoir, calmer le jufte effroi ;
Vos périls font pâffés ; mon devoir me rappelle :
Je vous fauvois pour vous, prince ; & non pas pour moi.

SCÊNE TROISIEME.

IPHISE, DARDANUS, TEUCER *environné de soldats, qui lui arrachent son épée, dont il vouloit se percer.*

TEUCER, *aux soldats.*

QUELS odieux secours ! cessés, troupe inhumaine !
Laissés-moi m'affranchir de l'opprobre des fers.
(*à* DARDANUS.)
Tu portes à l'excès ton audace & ta haîne ;
On me force de vivre, à tes yeux on m'entraîne.
Poursuis, vainqueur superbe ! insulte à mes revers :
J'aime ce vain orgueil, qui souille ta victoire.
Tu partages, du-moins, par l'abus de ta gloire,
L'opprobre humilïant dont tu nous as couverts.

DARDANUS.

Connoissés mieux un cœur qui vous admire.
Regnés, & reprenés le pouvoir souverain.
Si vous daignés le tenir de ma main,
Je serai plus heureux qu'en possedant l'empire.

TEUCER.

Non, tu crois m'éblouïr; mais je vois ton dessein :
L'amour me fait des dons & l'orgueil me pardonne;
Ta générosité vend les biens qu'elle donne :
Mais rien ne changera ton sort, ni mon destin.
Garde tes vains présents; ta main les empoisonne...
Il en est cependant que j'attendrois de toi.

DARDANUS.

Ordonnés, exigés; vous pouvés tout sur moi.

TRAGÉDIE

TEUCER.

De tout ce qu'en ce jour m'enleve ta victoire,
Mon cœur n'a regretté que ma fille & ma gloire ;
Mais tu peux réparer ces tristes coups du sort :
Rends la princesse libre, & me permèts la mort.

IPHISE.

Dieux, daignés détourner l'horreur qui se prépare !

DARDANUS.

Rien ne peut vous fléchir, je le vois trop, barbare !
Plus féroce que grand, votre cœur indomté,
Prend sa haîne pour du courage,
Et sa fureur pour de la fermeté.
Iphise est libre & l'a toûjours été ;
Pour vous, prenés ce fer....

(Il présente son épée à TEUCER mais il ne la lui abandonne qu'au dernier vers.)

Mais j'en prescris l'usage ;

Songés sous quelles loix il vous est présenté:
Frappés! votre ennemi se livre à votre rage.

TEUCER.

Juste Ciel!

IPHISE.

Arrêtés!...

DARDANUS, à TEUCER.

Qu'au gré de vos fureurs,
Dans mon sang malheureux votre injure s'efface;
Frappés! en vous vengeant, vos coups me feront grâce.

TEUCER.

Que fais-tu?

IPHISE.

Serés-vous insensible à mes pleurs.

TEUCER.

Ma fille, c'en est trop; il faut enfin se rendre.
Dardanus est donc fait pour trïompher toûjours!
Je rougis seulement d'avoir pu me défendre.

TRAGÉDIE.

IPHISE & DARDANUS.

Vous assûrés le bonheur de nos jours.

(*Simphonie gracieuse.*)

TEUCER.

Mais quels concerts se font entendre ?

IPHISE.

Un jour plus pur embellit l'Univers.

DARDANUS.

Je vois les doux Plaisirs faire éclore & répandre
Mille nouvelles fleurs, qui parfument les airs.

(*Le théâtre change, & représente un temple de l'Amour.*)

SCÈNE QUATRIEME & derniere.

VÉNUS *paroît sur un trône dans le fond du théâtre ; les* AMOURS *& les* PLAISIRS *l'accompagnent ; les Acteurs précédents,* PHRIGIENS & PHRIGIENNES.

VÉNUS.

Pour célébrer les feux d'un fils qu'il aime,
Le Souverain des dieux m'appelle en ces climats :
Empressé de suivre mes pas,
L'Himen vole avec moi, conduit par l'Amour-même.

Plaisirs, chantés ce jour heureux :
L'Amour remporte la victoire.
Peuples, mêlés-vous à leurs jeux :
Chantés, célébrés la gloire
Du plus charmant des dieux.

(*On danse.*)

TRAGÉDIE.

LE CHŒUR.

Par tes bienfaits signale ta victoire,
Triomphe, tendre Amour !
Fais regner, à-jamais, les Plaisirs dans ta cour :
Par tes bienfaits signale ta victoire.

(*On danse.*)

IPHISE.

L'Amour, le seul Amour est le charme des cœurs.
Au roi le plus puissant que servent les grandeurs ?
A vivre aussi content un berger peut prétendre :
Et, si pour l'un des deux le ciel s'est déclaré,
Celui qu'il a formé plus sensible & plus tendre
Est celui qu'il a préféré.

(*On danse.*)

DARDANUS.

Volés, formés ici les fêtes les plus belles,

Doux Plaisirs, triomphés, célébrés ce beau jour;
Enchaînés, pour-jamais, les Ris dans ce séjour;
Caressés l'Himen de vos ailes;
Parés sont front de ces fleurs immortelles
Dont vos mains couronnent l'Amour.

(*Un Divertissement général termine l'Opera.*)

FIN.

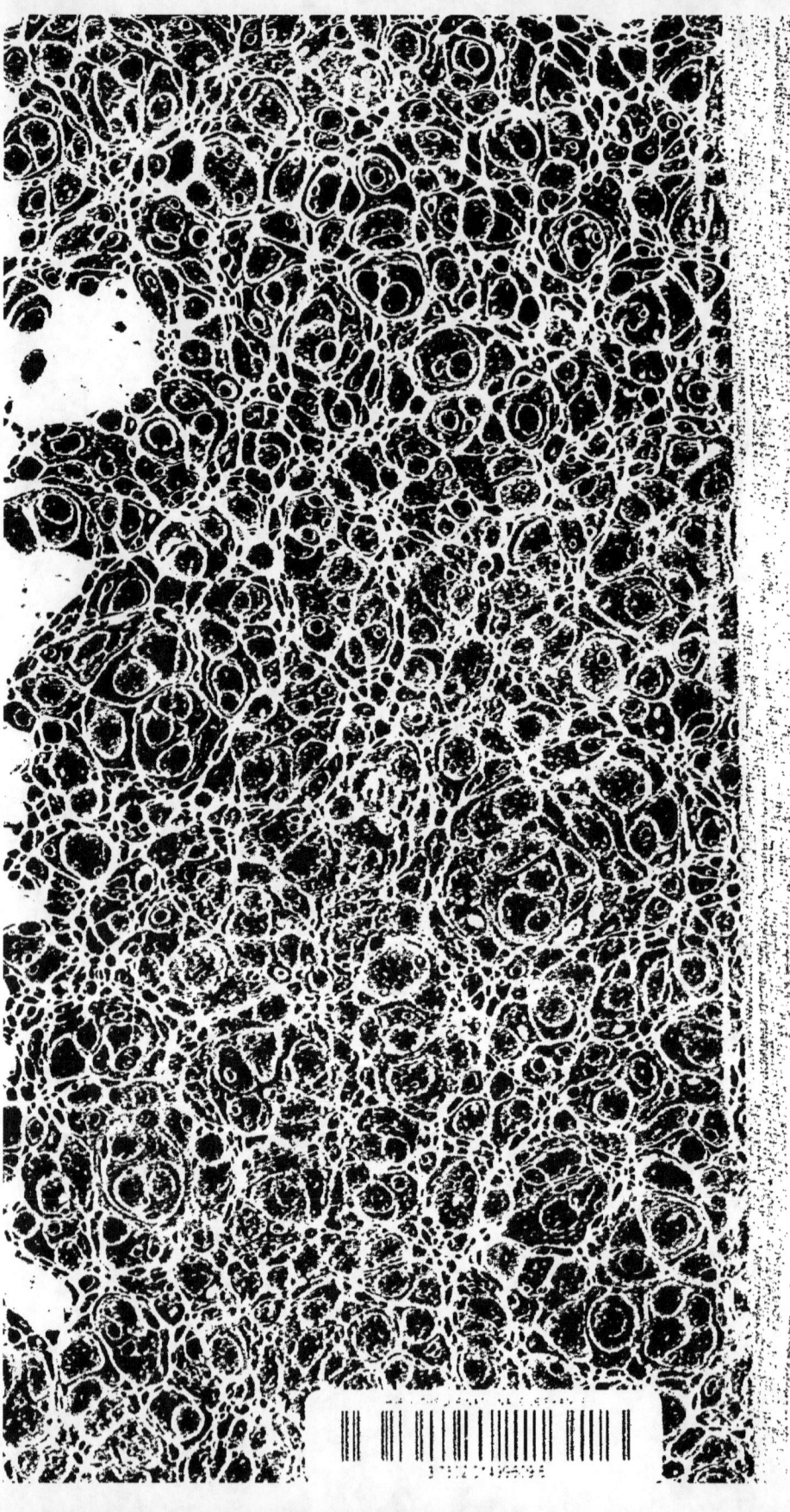